Campus

Gesamtkurs Latein

Ausgabe A

Wiederholungsheft 2

zu den Lektionen 15–25

W0317264

C.C.BUCHNER

Campus A. Palette

Herausgegeben von Christian Zitzl, Clement Utz
und Andrea Kammerer.

Das Wiederholungsheft 2 wurde erarbeitet von Sissi Jürgensen.

Über weiteres fakultatives Begleitmaterial zu Campus informiert Sie C.C.Buchner Verlag · Postfach 1269 · D-96003 Bamberg.

BAMBERGER WORTSCHATZ

1. Auflage, 2. Druck 2017
Alle Drucke dieser Auflage sind, weil unverändert, nebeneinander benutzbar.

© 2015 C.C.Buchner Verlag, Bamberg
Das Werk und seine Teile sind urheberrechtlich geschützt. Jede Nutzung in anderen als den gesetzlich zugelassenen Fällen bedarf der vorherigen schriftlichen Einwilligung des Verlages. Das gilt insbesondere auch für Vervielfältigungen, Übersetzungen und Mikroverfilmungen. Hinweis zu § 52a UrhG: Weder das Werk noch seine Teile dürfen ohne eine solche Einwilligung eingescannt und in ein Netzwerk eingestellt werden. Dies gilt auch für Intranets von Schulen und sonstigen Bildungseinrichtungen.

Redaktion: Jutta Schweigert
Satz und Gestaltung: HOCHVIER GmbH & Co. KG, Bamberg
Zeichnungen: Julia Friese, Berlin
Umschlaggestaltung: HOCHVIER GmbH & Co. KG, Bamberg
Druck und Bindung: Friedrich Pustet GmbH & Co. KG, Regensburg

www.ccbuchner.de

ISBN 978-3-7661-**7949**-4

Liebe Schülerin, lieber Schüler,

vor dir liegt ein **Wiederholungsheft**, mit dem du den Lernstoff der Lektionen 15–25 wiederholen kannst. In **vier Lernblöcken** werden wichtige Grammatikstoffe nochmals systematisch geübt.
Jeder Lernblock ist in mehrere **Lernstufen** unterteilt. Du findest insgesamt zwölf Lernstufen. Jeder Lernstufe entspricht eine **Doppelseite** zu einem Grammatikthema, die sich normalerweise in weniger als 45 Minuten bearbeiten lässt. Wenn du täglich eine Doppelseite bearbeitest, hast du schnell den ganzen Stoff wiederholt.

Bevor du aber mit der Arbeit beginnst, hier ein paar Tipps:

Du musst nicht unbedingt alle Übungen bearbeiten. Denn die Übungen sind so gestaltet, dass du deinem individuellen Leistungsstand entsprechend mit auf dich zugeschnittenen Aufgaben arbeiten kannst. Der **Einstufungstest** auf der ersten Doppelseite zeigt dir, zu welcher Leistungsgruppe du gehörst: Die **Gorillas** sind diejenigen, die in Latein sehr fit sind und nur wenig wiederholen müssen. Die **Paviane** müssen etwas mehr machen und die **Totenkopfäffchen** sind die, die die meiste Übung benötigen. Welcher Affe bist du? Der Einstufungstest zeigt es dir.

Wenn du für den Test keine Zeit hast, kannst du dich auch nach deiner Zeugnisnote richten: Hast du die Note 1, bist du ein Gorilla, Paviane haben die Note 2 oder 3 und mit Note 4 oder 5 bist du ein Totenkopfäffchen. Selbstverständlich ist auch jeder Gorilla und jeder Pavian zu jeder der Übungen eingeladen.
Am Ende des Heftes erfährst du in einem **Abschlusstest**, ob du dich von einem kleinen Äffchen zu einem Pavian oder sogar zu einem Gorilla hochgearbeitet hast.
Die Lösungen zu den Aufgaben findest du im beiliegenden **Lösungsheft**. Aber nicht schummeln! Vielleicht willst du dieses Lösungsheft auch deinen Eltern geben, damit du eine zuverlässige Kontrolle hast. Dies hätte noch einen weiteren Vorteil: Für jede bearbeitete Übung kannst du **Bonuspunkte** sammeln.[1] Schließe doch mit deinen Eltern einen Vertrag und kassiere Prämien für eine bestimmte Anzahl an Bonuspunkten – beispielsweise einen Kinobesuch für 250 Bonuspunkte. Möglichst viele Übungen zu machen kann sich so durchaus lohnen. Deine Eltern müssen dann natürlich mit dem Lösungsheft überprüfen, ob du die Übungen ordentlich gemacht hast. Um Bonuspunkte zu erhalten, müssen die Übungen zwar nicht fehlerfrei sein, aber verbessern solltest du deine Fehler auf jeden Fall. Denn nur so lernst du richtig.

Viel Spaß und Erfolg beim Wiederholen!

1 vgl. die Übersicht dazu auf S. 32

Gorilla, Pavian oder Totenkopfäffchen?

Hier kannst du testen, wie fit du in Latein bist. Je nachdem, wie gut du abschneidest, bist du ein Gorilla, ein Pavian oder ein Totenkopfäffchen. Und entsprechend deiner Gestalt erwarten dich verschiedene Aufgaben in diesem Heft.
Bearbeite die Aufgaben und vergleiche deine Antworten mit den Lösungen im Lösungsheft. Dort siehst du, wie viele Punkte du für jede richtige Antwort erhältst. Zähle die jeweils erreichten Punkte zusammen und ermittle danach mit der Bewertungstabelle am Ende des Einstufungstests, ob du ein Gorilla, ein Pavian oder ein Totenkopfäffchen bist.

1. Wort für Wort — 6 BE

Gib für die folgenden Vokabeln mindestens eine richtige Bedeutung an.
Die Zahl in Klammern sagt dir, wie viele Bedeutungen du gelernt hast.

a) vetus (1)		g) medius (2)	
b) occulte (1)		h) somnus (1)	
c) huc (1)		i) aut (1)	
d) metus (1)		j) agmen (1)	
e) constituere (2)		k) afferre (4)	
f) ignotus (1)		l) cupere (2)	

2. Stammformen — 8 BE

Gib für die folgenden Verben die Stammformen und mindestens eine richtige Bedeutung an.

	1. Pers. Sg. Präs.	1. Pers. Sg. Perf.	PPP	Bedeutung
a) dimittere				
b) premere				
c) pellere				
d) frangere				

3. Bilde die angegebenen Formen. — 6 BE

a) Gen. Sg. von dies		d) Dat. Sg. von plebs	
b) Dat. Pl. von carmen		e) Nom. Pl. von exercitus	
c) Akk. Pl. von mare		f) Akk. Sg. von navis	

4. Bestimme Person, Numerus, Tempus, Modus und Genus verbi. 5 BE

a) agunt		f) neglexero	
b) converteremur		g) posita erant	
c) acceptus est		h) velles	
d) consedissetis		i) itum est	
e) laedebam		j) tactae essemus	

5. PPA oder PPP? 4 BE

Markiere die korrekte Partizipialform.

a) Iuppiter amore **capto / capiens / captus** Europam in Cretam deduxit.

b) Pluto carmine Orphei voce dulci **cantanti / cantantis / cantati** commotus est.

6. Übersetze. 11 BE

a) Romanis ad Cannas victis milites Hannibalem orabant, ut Romam temptaret. **b)** Itaque Hannibal iussit exercitum ad portas urbis adduci. **c)** Deinde autem dux gloriam appetens tamen urbi pepercit. **d)** Si tum Poeni Hannibale duce Romanos desperatos temptavissent, Roma certe ab eis capta esset.

7. Fremdwörter? 4 BE

Erkläre die folgenden Fremdwörter. Gib dabei jeweils das lateinische Ursprungswort an, das diesen Fremdwörtern zugrunde liegt, z.B.: lädiert – verletzt (laedere).

a) ein großer **Effekt** b) äußerst **aktiv** c) **kultivierte** Umgangsformen d) einen **Impuls** geben

e) eine schlimme **Tortur** f) Regeln **respektieren** g) **flexibel** sein h) eine Zahl **addieren**

Punkte		44–34		33–19		18–0
Bewertung		GORILLA		PAVIAN		TOTENKOPF-ÄFFCHEN

Auf den folgenden Seiten wird dir das Affenpiktogramm am Rand einer jeden Übung zeigen, welche Aufgaben für dich bestimmt sind.

20

1. Vokabeln sind das A und O

Kennst du noch die deutsche Bedeutung der folgenden Substantive und Präpositionen?
Gib mindestens eine richtige Bedeutung an. Die Zahl in Klammern zeigt dir, wie viele Bedeutungen du gelernt hast.

a) intra (1)		n) adversus (1)	
b) pectus (2)		o) species (3)	
c) luctus (1)		p) genus (3)	
d) pro (3)		q) dies (1)	
e) in (7)		r) impetus (2)	
f) gemitus (2)		s) vulnus (2)	
g) socius (2)		t) usus (2)	
h) litus (2)		u) modus (3)	
i) numerus (2)		v) pernicies (2)	
j) cultus (4)		w) crimen (3)	
k) scelus (2)		x) contra (1)	
l) fides (4)		y) tempus (2)	
m) vultus (3)		z) trans (2)	

10

2. Gesucht und gefunden

a) Markiere in der Tabelle zu Aufg. 1 alle Präpositionen grün und ergänze jeweils den Kasus, der auf sie folgt.
b) Markiere in der Tabelle zu Aufg. 1 alle Substantive, die zur e-Deklination gehören, gelb.
c) Ordne jedes Substantiv auf -us aus der Tabelle zu Aufg. 1 seiner Deklinationsklasse zu. Die Zahl in der Klammer sagt dir, wie viele Wörter es jeweils zu finden gilt.

o-Deklination (3)	u-Deklination (6)	3. Deklination (6)

d) Ergänze die Bedeutung der folgenden Wendungen.

res

secundae .... futurae .... publica .... adversae ....

3. Jede Klasse ist anders

Ergänze die Endungen der folgenden Substantive der a-, o- und 3. Deklination.

	a-Deklination		o-Deklination		3. Deklination (Neutrum)	
	Singular	Plural	Singular	Plural	Singular	Plural
Nominativ	mor-a	mor-	taur-	taur-	crim-	crimin-
Genitiv	mor-	mor-	taur-	taur-	crimin-	crimin-
Dativ	mor-	mor-	taur-	taur-	crimin-i	crimin-
Akkusativ	mor-	mor-	taur-	taur-	crim-	crimin-
Ablativ	mor-	mor-	taur-	taur-	crimin-	crimin-

4. Formenreihe

Die Substantive mare *n* und animal *n* gehören zu den i-Stämmen der 3. Deklination. Das Substantiv domus *f* gehört zur u-Deklination. Alle drei Substantive weichen in einigen Fällen von den regelmäßigen Formen ab. Bilde ihre Formen entsprechend den Vorgaben und übersetze.

a) mare → ________ (Akkusativ) → ________ (Plural) → e ________ (Ablativ) → e ________ (Singular)

das Meer → ....

b) animal → ab ________ (Ablativ) → ab ________ (Plural) → ________ (Nominativ) → ________ (Genitiv)

das Tier → ....

c) domus → de ________ (Ablativ) → ________ (Akkusativ) → ________ (Plural) → ________ (Genitiv)

das Haus → ....

5. Genitivus subiectivus oder Genitivus obiectivus?

Übersetze die folgenden Wendungen und kreuze an, ob ein Gen. subi. oder ein Gen. obi. vorliegt. Aber Achtung: Manchmal ist beides möglich!

a) amor **matris** ○ Gen. subi. ○ Gen. obi. ....

b) spes **salutis** ○ Gen. subi. ○ Gen. obi. ....

c) odium **tui** ○ Gen. subi. ○ Gen. obi. ....

d) metus **mortis** ○ Gen. subi. ○ Gen. obi. ....

e) timor **Gallorum** ○ Gen. subi. ○ Gen. obi. ....

20

1. Wie bitte?

Heute sind Adjektive und Zahlen an der Reihe. Gib mindestens eine richtige Bedeutung an.
Die Zahl in Klammern sagt dir, wie viele Bedeutungen du gelernt hast.

a) beatus (2)		n) pauci (1)	
b) laetus (2)		o) duo (1)	
c) certus (2)		p) totus (2)	
d) invitus (2)		q) dexter (1)	
e) diligens (2)		r) immortalis (1)	
f) vetus (1)		s) aeternus (1)	
g) felix (3)		t) nullus (1)	
h) nonnulli (2)		u) decem (1)	
i) frequens (2)		v) facilis (1)	
j) sapiens (2)		w) apertus (2)	
k) multa (1)		x) dives (1)	
l) acerbus (3)		y) octo (1)	
m) pauper (1)		z) complures (1)	

10

2. Gesucht und gefunden

a) Ergänze hinter den Zahlen die lateinischen Zahlwörter. Drei Wörter aus der Tabelle zu Aufg. 1 helfen dir dabei.

1	2	3	4	5
6	7	8	9	10

b) 13 Adjektive in der Tabelle zu Aufg. 1 gehören zur a- und o-Deklination. Markiere sie grün.
c) Markiere die sieben einendigen Adjektive der 3. Deklination in der Tabelle zu Aufg. 1 blau.
d) Die Adjektive totus und nullus bilden den Genitiv und Dativ Singular wie das Demonstrativpronomen is, ea, id. Bilde jeweils den Genitiv und Dativ Singular.

totus Gen. Sg.: ______________ Dat. Sg.: ______________

nullus Gen. Sg.: ______________ Dat. Sg.: ______________

3. Wörtermosaik

Ordne jedem Substantiv mit einem Pfeil das Adjektiv zu, das mit ihm in Kasus, Numerus und Genus übereinstimmt.

4. In der Kürze liegt die Würze

Verkürze die lateinischen Sätze, indem du die Adjektive substantivierst, und übersetze.

Beispiel: Homines felices omnes res habent. → Felices omnia habent. Glückliche haben alles.

a) Homines pauperes multas res non habent. →

b) Hominibus sapientibus credimus. →

c) Res turpes hominibus honestis non placent. →

d) Homines divites saepe res inanes habent. →

5. Qualitätsarbeit

Bilde je nach Vorgabe den Genitiv oder den Ablativ der Beschaffenheit und übersetze.

a) ingens corpus (Gen.) → vir

b) vultus laetus (Abl.) → puella

c) magna virtus (Gen.) → Is vir … est.

d) summum ingenium (Abl.) → Ea femina … est.

e) is modus (Gen.) → Virum … omnes amant.

1. Dies und das ... Vokabelspaß

20

Heute sind neben Substantiven und Adjektiven auch Adverbien und Pronomina an der Reihe.
Gib mindestens eine richtige Bedeutung an. Die Zahl in Klammern sagt dir, wie viele Bedeutungen du gelernt hast.

a) consul (1)		n) forma (3)	
b) qualis (2)		o) condicio (3)	
c) simul (2)		p) talis (3)	
d) ille (4)		q) quoque (1)	
e) auctor (4)		r) hic (3)	
f) vehemens (2)		s) calamitas (2)	
g) quidam (3)		t) sacer (2)	
h) potens (2)		u) protinus (1)	
i) flagitium (2)		v) mortalis (2)	
j) ipse (4)		w) idem (2)	
k) denique (2)		x) deinde (2)	
l) acerbus (3)		y) caput (2)	
m) os (2)		z) iste (1)	

2. Gesucht und gefunden

10

a) Markiere in der Tabelle zu Aufg. 1 alle Substantive blau und bilde jeweils den Gen. Sg. und Nom. Pl.

b) Trage hinter jedes Adverb ein lateinisches Synonym ein. Die Synonyme findest du in der Tabelle zu Aufg. 1.

tum ≈	postremo ≈	statim ≈	etiam ≈

c) Markiere alle Pronomina in der Tabelle zu Aufg. 1 grün.
d) Markiere alle Adjektive aus der Tabelle zu Aufg. 1 gelb. Gib dann zu jedem den Gen. Sg. m und den Akk. Pl. n an.

3. Konzentrationsübung

20

Was links **Nominativ** ist, soll rechts **Dativ** werden. Was links **Akkusativ** ist, soll rechts **Genitiv** werden. Was links **Genitiv** ist, soll rechts **Ablativ** werden. Behalte jeweils den Numerus bei. Achtung: Die Zahl in Klammern gibt dir an, wenn es mehrere mögliche Formen gibt!

hunc	illam	ipsius	iste
quasdam	eorundem	haec	illam

		(2)	
		(3)	

4. Hannibal gegen Scipio

20

Setze das passende Prädikativum ein und übersetze.

a) Hannibal .... de Romanis multa mala audivit. **b)** Post mortem patris Hannibal .... socios Romanorum temptavit. **c)** Paulo post Hannibal .... cum elephantis (!) Alpes transiit. **d)** In Italia primo Poeni .... cum Romanis pugnaverunt, sed denique .... in Africam redierunt. **e)** Ibi Scipio .... Hannibalem vicit.

5. Der Sklave und die Lügenmärchen

25

Plautus erzählt in einem seiner Stücke von einem Sklaven (Tranio, onis), der sich immer weiter in Lügen verstrickt. Übersetze den folgenden Text schriftlich. Bearbeite aber zuvor die Aufgaben a) und b).

1. Dives quidam dominus post tres annos in patriam rediit. 2. Philolaches, filius eiusdem domini, per (während) hos annos semper cum Tranione, servo magnae audaciae, tabernas adierat. 3. Itaque omnia officia et curam domus neglexerat. 4. Forte (zufällig) Tranio in portu vetere dominum navem relinquere viderat. 5. Quia dominus vir ira acri erat, iste servus poenam illius rei turpis timuit et hunc a domo prohibere voluit. 6. Itaque dixit: „Domine, istam domum intrare non iam potes! Septem larvae (larva, ae: Gespenst) ingentibus corporibus intus omnia deleverunt! 7. Itaque filius tuus non iam in ista domo, sed in alia habitat.“ 8. Tum servus dominum ad domum novam filii deducere coepit. 9. At hoc ipso tempore Philolaches e domo patris exiit. 10. Ille laetus cantabat, cum subito patrem ipsum aspexit. 11. Dum ille adhuc dubitat, Tranio vocavit: 12. „Haec res non ita est, ut putas …“

a) Markiere alle Pronomina blau. **b)** Unterstreiche alle Genitive und Ablative und bestimme ihre Funktion.

20

1. Verben, Verben, Verben

Nun werden die Verben wiederholt. Bist du noch fit? Gib mindestens eine richtige Bedeutung an. Die Zahl in Klammern gibt dir wieder an, wie viele Bedeutungen du gelernt hast.

a) curare (2)		n) pertinere ad (3)	
b) orare (2)		o) carere (3)	
c) negare (3)		p) iuvare (3)	
d) vindicare (in) (3)		q) interrogare (1)	
e) vitare (2)		r) imperare (2)	
f) persuadere (2)		s) adducere (2)	
g) promittere (1)		t) fugere (2)	
h) mutare (2)		u) deserere (2)	
i) nubere (1)		v) praeesse (2)	
j) superesse (2)		w) parcere (2)	
k) iubere (2)		x) servire (2)	
l) sollicitare (3)		y) effugere (2)	
m) accidere (2)		z) necare (1)	

15

2. Stammformen sind das A und O

Vervollständige die Stammformenreihen der folgenden Verben aus der Tabelle zu Aufg. 1.

a) effugere			---
b)		praefui	---
c)	iubeo		
d)			nuptum
e) parcere			---
f)		persuasi	
g) deserere			

3. Gleich und doch nicht gleich

Bei manchen Verben hängt die deutsche Bedeutung (suchen ↔ fragen; sorgen für ↔ vorhersehen; sorgen für ↔ um Rat fragen) vom Kasus oder von der Konstruktion ab, die im Lateinischen nach dem Verb steht. Achte jeweils auf den Kasus des Objekts und übersetze.

a) Consul civibus consulit.

b) Consul senatores consulit.

c) Rex populo providet.

d) Rex periculum providet.

e) Discipuli magistrum quaerunt.

f) Magister e discipulis quaerit.

4. Doppelt gemoppelt

Bei den Verben dicere, aestimare, nominare, reddere, appellare, facere, ducere, vocare und putare tritt bisweilen ein doppelter Akkusativ auf.
Ordne sie entsprechend ihrer Bedeutung der richtigen Säule zu.

5. Jedem das Seine

Ordne den lateinischen Ausdrücken ihre deutschen Bedeutungen zu, indem du die Paare mit jeweils derselben Zahl von 1–7 versiehst.

auxilio venire	usui esse	zum Vorwurf machen	als Schmuck dienen
honori esse	ornamento esse	Sorge bereiten	Ehre einbringen
perniciei esse	curae esse	zu Hilfe kommen	Verderben bringen
crimini dare		von Nutzen / nützlich sein	

6. Aufgabenteilung

Der Genitiv der Zugehörigkeit (Genitivus possessivus) bezeichnet den Eigentümer einer Sache oder er bringt in bestimmten Wendungen zum Ausdruck, dass etwas Aufgabe, Pflicht oder Eigenschaft einer Person ist. Übersetze.

a) Haec domus patris est.

b) Consulis est rei publicae consulere.

c) Imperatoris est oratione virtutem militum augere.

d) Magistri est discipulos docere.

20

1. Verben, Verben, Verben

Volldampf bei der Wiederholung der Verben. Gib mindestens eine richtige Bedeutung an.
Die Zahl in Klammern gibt dir wieder an, wie viele Bedeutungen du gelernt hast.

a) volvere (3)		n) retinere (3)	
b) impellere (2)		o) flectere (3)	
c) statuere (3)		p) addere (1)	
d) respicere (3)		q) tribuere (2)	
e) sustinere (2)		r) legere (2)	
f) dimittere (2)		s) efficere (2)	
g) vertere (2)		t) subire (2)	
h) instare (2)		u) metuere (1)	
i) conicere (3)		v) incipere (2)	
j) neglegere (2)		w) perterrere (2)	
k) commovere (2)		x) procedere (2)	
l) rapere (3)		y) constituere (2)	
m) sinere (2)		z) colere (3)	

15

2. Ohne Stammformen geht es nicht

Vervollständige die Stammformenreihen der folgenden Verben aus der Tabelle zu Aufg. 1.

a) addere			
b)		effeci	
c)	flecto		
d)			inceptum
e) neglegere			
f)		processi	
g)	colo		

3. Aktiv-Passiv-Memory

20

a) Jeweils zwei Verbformen passen in Person, Numerus und Tempus zusammen, aber nicht im Genus verbi (Aktiv und Passiv). Versieh die zusammengehörenden Verbenpaare jeweils mit derselben Zahl von 1 bis 8.

accidunt	vertebaris	colam	orat
adducemus	perterrebimur	dimittebamini	tribuuntur
curaris	rapiebantur	necabas	flectar
retinetur	incipis	fugiebatis	coniciebant

b) Übersetze alle Formen der Tabelle ins Deutsche.

4. Hannibal – der Schrecken Roms

15

Forme wie im Beispiel a) jeden Satz ins Passiv um und übersetze den neu entstandenen Satz.

a) Hannibal omnia pericula superat. → Omnia pericula ab Hannibale superantur.

b) Hannibal: „Omnes nos laudant." → Hannibal: „Nos ....

c) Hannibal: „Vos multa bella gerebatis." → Hannibal: „ ....

d) Romani Hannibalem numquam terrebunt. → ....

e) Milites Hannibalis hostes semper vincent. → ....

5. Geheimcode

20

Knacke den Code, bilde Verbformen **im Passiv** und übersetze sie.

Beispiel: 1SaM = 1. Person Singular Präsens von movere: moveor – ich werde bewegt

a) 1SaR	d) 2PcR	g) 3SbF
b) 2PbM	e) 3PaF	h) 1PcI
c) 3ScI	f) 1ScI	i) 2SbM

20

1. Prädikat besonders wertvoll

Gib mindestens eine richtige Bedeutung an. Die Zahl in Klammern sagt dir, wie viele Bedeutungen du gelernt hast.

a) perire (2)		n) discere (2)	
b) tollere (3)		o) laedere (3)	
c) opprimere (3)		p) petere (4)	
d) ponere (3)		q) frangere (1)	
e) convertere (2)		r) cupere (2)	
f) tradere (2)		s) reprehendere (2)	
g) solvere (3)		t) pergere (2)	
h) reducere (2)		u) tangere (1)	
i) circumdare (1)		v) conficere (2)	
j) fallere (2)		w) regere (3)	
k) expellere (2)		x) premere (2)	
l) perdere (3)		y) obicere (2)	
m) deponere (2)		z) restituere (1)	

10

2. Ohne Stamm kein Baum

Für die Übungen auf der nächsten Seite musst du die Stammformen sicher beherrschen.
Vervollständige deshalb die Stammformenreihen der folgenden Verben aus der Tabelle zu Aufg. 1.

a) petere			
b)		solvi	
c)	perdo		
d)			tactum
e) ponere			
f)	frango		
g)		pressi	

3. Transformation

20

Forme wie im Beispiel a) jeden Satz ins Passiv um und übersetze den neu entstandenen Satz.

a) Hannibal omnia pericula superavit. → Omnia pericula ab Hannibale superata sunt.

b) Milites Hannibalem laudaverunt, … → Hannibal ……………………………

c) … quia Romanos saepe vicerat. → ……………………………

d) Milites: „Si tu signum dederis, Romam capiemus.“ → ……………………………

4. Verwandlungskünstler

15

Verwandle gemäß den Vorgaben und übersetze die jeweils entstandene Verbform.

a) circumdat *m*	Passiv	Perfekt	Futur II
b) fregerunt *f*	Passiv	Plusquamperfekt	Singular
c) vertimur *m*	Plusquamperfekt	Singular	Perfekt
d) perdiderat *n*	Passiv	Perfekt	Imperfekt

5. Der lange Marsch des Hannibal

25

Trotz großer Erfolge konnte Hannibal die Römer nicht besiegen.
Übersetze den folgenden Text schriftlich. Bearbeite aber zuvor die Aufgaben a) und b).

1. Hamilcar Hannibali filio dixit: „Si Romani a nobis non superati erunt, iterum bellum contra nos gerent. Imperatoris igitur est Romam delere!“ 2. Sic Hannibal a patre hostis Romanorum factus est. 3. Quia Romani Hannibali magno odio erant, post mortem patris Italia ab eo temptata est. 4. Dum agmen trans Alpes ducitur, oportuit milites ab Hannibale orationibus praeclaris impelli. 5. Ii enim frequentes in itinere summis periculis opprimebantur. 6. Tum animi militum ab Hannibale his verbis confirmati sunt: 7. „Numquam, viri fortes, peribitis! Immo vos Romanis perniciei eritis. Mox victores dicemini. Nam dei vobis consulent.“ 8. Et id, quod ab Hannibale dictum erat, accidit. Post magnas victorias agmen Poenorum ante portas urbis constitit. 9. Quamquam Romani metu mortis perterrebantur et sollicitabantur, tamen Hannibal Romam non cepit, sed exercitum in alias regiones Italiae deduxit. 10. Nam paene tota Italia Hannibalis erat. 11. Praeda victoris ingens erat: equi, viri, argentum – nihil victis relictum est. 12. Postremo autem Poeni a Romanis ex Italia expulsi et in Africa victi sunt.

a) Markiere alle Prädikate, die im Passiv stehen, rot und bestimme ihr Tempus.

b) Markiere alle Prädikate, die im Aktiv stehen, grün und bestimme ihr Tempus.

20

1. Bunt gemischt

Gib für die folgenden Vokabeln mindestens eine richtige Bedeutung an.
Die Zahl in Klammern sagt dir, wie viele Bedeutungen du gelernt hast.

a) damnare (1)		n) interficere (2)	
b) nefarius (2)		o) tantum (2)	
c) desinere (1)		p) tam (1)	
d) aestimare (3)		q) comperire (1)	
e) tantus ... quantus (1)		r) coniunx (2)	
f) nemo (1)		s) immo (2)	
g) invenire (2)		t) brevi (tempore) (2)	
h) paene (1)		u) ira (2)	
i) arcessere (2)		v) talis ... qualis (1)	
j) huc (1)		w) equidem (2)	
k) inferi (2)		x) haerere (2)	
l) tot ... quot (1)		y) furor (2)	
m) poena (1)		z) occulte (1)	

10

2. Stammformen ... so wichtig wie die Vokabeln selbst

Vervollständige die Stammformenreihen der folgenden Verben aus der Tabelle zu Aufg. 1.

a) desinere			
b)		arcessivi	
c)			inventum
d) comperire			
e)		interfeci	
f) haerere			---

3. Wer t… sagt, muss auch qu… sagen

Verbinde jedes Korrelativum durch einen Pfeil mit seiner Bedeutung.

a) talis … qualis	so … wie
b) tantus … quantus	derselbe … wie
c) tot … quot	so beschaffen … wie (beschaffen)
d) tam … quam	so … wie
e) idem … qui	so groß … wie (groß)
e) ita … ut	so viel … wie (viel)
g) tantum … quantum	so viele … wie (viele)

4. Zeitmaschine

Verwandle jede Indikativform in die entsprechende Form des Konjunktiv Imperfekt und Plusquamperfekt.

	Konj. Impf.	Konj. Plusqpf.
a) dat		
b) efficimur		
c) venio		
d) tangis		
e) ponuntur		

	Konj. Impf.	Konj. Plusqpf.
f) confirmor		
g) omittimus		
h) possunt		
i) vult		
j) estis		

5. Gut kombiniert

Übersetze zunächst mündlich. Verbinde dann jeden Hauptsatz mit dem dazu passenden Gliedsatz.
Übersetze abschließend nochmals und achte nun auf die korrekte Wiedergabe des Konjunktivs.

1) Milites Hannibalis tam fortes erant,	A) nisi tanta virtute fuissent.
2) Hannibal cum elephantis (!) Alpes transire voluit,	B) ut nonnulli milites consistere vellent.
3) Milites Alpes non transissent,	C) ne Hannibal urbem caperet.
4) In Alpibus tanta pericula erant,	D) ut periculis non commoverentur.
5) Hannibal cum Romanis bellum non gessisset,	E) ne milites desperarent.
6) In itinere periculum erat,	F) nisi Hannibal eos temptavisset.
7) Romani sociis auxilio non venissent,	G) nisi Romani ei odio fuissent.
8) Postea Romani timebant,	H) ut Romanos opprimeret.

1. Wörter, Wörter, Wörter

Gib für die folgenden Vokabeln mindestens eine Bedeutung an.
Die Zahl in Klammern verrät dir, wie viele Bedeutungen du gelernt hast.

a) dux (1)		n) gens (3)	
b) cessare (2)		o) supplicium (3)	
c) necessarius (1)		p) iterum atque iterum (1)	
d) parēre (3)		q) sors (3)	
e) iuventus (1)		r) considere (2)	
f) sanguis (1)		s) animal (2)	
g) placidus (3)		t) currere (2)	
h) ignotus (1)		u) placet (2)	
i) superi (1)		v) iurare (1)	
j) praeclarus (1)		w) prex (2)	
k) vis (3)		x) volare (2)	
l) umquam (1)		y) igitur (2)	
m) paulo (1)		z) circiter (1)	

2. Stammformen

Vervollständige die Tabelle mit den fehlenden Stammformen und mindestens einer deutschen Bedeutung.

a) comprehendere				
b)		risi		
c)	pario			
d)				sich setzen
e)		condidi		
f) currere			---	
g)		quaesivi		

3. Reise durchs Labyrinth

15

Bilde die jeweils angegebene Form bzw. verwandle sie in die entsprechende Form des angegebenen Verbs und arbeite dich so durch das Labyrinth.

Start: **dicens**	capere	Nom. Pl. m/f	Dat. Sg.	putare
Gen. Sg.	Dat. Pl.	flectere	Nom. Pl. n	Abl. Sg.
movere	Abl. Sg.	Gen. Pl.	Akk. Pl. n	descendere
Akk. Sg. m/f	Akk. Sg. n	amare	Akk. Pl. m/f	Ziel: Gen. Pl. **descendentium**

4. Pärchenbildung

15

Bestimme KNG, ordne richtig zu und übersetze die so entstandenen Wortpaare.

Orpheus	docentes	....
sororis	volantem	....
deorum	nubentis	....
discipulis	pereunti	....
magistri	cantans	Nom. Sg. m der singende Orpheus
carmina	monente	....
Icarum	audientibus	....
a Daedalo	iubentium	....
Eurydicae	moventia	....

5. Voller Einsatz

20

Übersetze zunächst mündlich und vervollständige danach den Text sinnvoll. Übersetze abschließend nochmals mit Relativsatz (R) oder mit Adverbialsatz (A).

coniugem desiderans (A)	vocem dulcem Orphei audientem (A)	oculos ad eam vertentis (R)
inferos regentem (R)	omnia animalia moventia (R)	ad lucem solis rediens (A)

a) Orpheus carmina .... cantabat. **b)** At post mortem Eurydicae vitam tristem egit .... **c)** Itaque in Tartarum descendit et Plutonem .... flectere temptavit. **d)** Carmina deum .... moverunt. **e)** Itaque Eurydica Orpheo reddita est. At hic .... ad illam respexit. **f)** Sic Eurydica amore mariti .... iterum perdita est.

1. Basisarbeit

20

Gib für die folgenden Vokabeln mindestens eine Bedeutung an.
Die Zahl in Klammern verrät dir, wie viele Bedeutungen du gelernt hast.

a) deducere (2)		n) pes (1)	
b) ac/atque (2)		o) remanere (1)	
c) tergum (1)		p) animadvertere (in) (2)	
d) vestigium (3)		q) memoria (3)	
e) auxilio venire (1)		r) ingens (2)	
f) femina (1)		s) impedire (2)	
g) insidiae (3)		t) sanctus (2)	
h) taurus (1)		u) ignis (1)	
i) vestis (2)		v) aer (1)	
j) causa (4)		w) latus (2)	
k) religio (5)		x) superbus (2)	
l) postulare (1)		y) virgo (2)	
m) vitare (2)		z) ara (1)	

2. Stammformen

10

Vervollständige die Tabelle mit den fehlenden Stammformen und mindestens einer deutschen Bedeutung.

a)				bemerken
b)		movi		
c)	facio			
d)			defensum	
e)		deduxi		
f) praestare			---	
g)		reliqui		

3. Dreischritt

15

Bestimme zunächst jeweils Kasus, Numerus und Genus des Substantivs. Ordne dann jedem Substantiv das in KNG übereinstimmende Partizip zu. Übersetze abschließend die so entstandene Verbindung wörtlich.

a) uxor	d) deus	g) in aris
b) e labyrintho (!)	e) vestigii	h) virgini
c) insidiarum	f) pedes	

ornatis   paratarum   violatos   aedificato   inventi   raptae   amata   mutatus

4. Übersetzungskünstler

20

a) Übersetze jeden Ausdruck wörtlich.

1. taurus amore captus	3. femina a tauro territa	5. Europa a Iove rapta
2. Europa timore mota	4. virgo in Cretam deducta	6. Iuppiter in taurum mutatus

b) Erweitere jedes PPP um das Prädikat est und übersetze erneut. Erkläre kurz, was sich geändert hat.

c) Füge zu den grün hinterlegten Ausdrücken ad oram properat, zu den orange hinterlegten Ausdrücken flevit hinzu. Übersetze die so entstandenen Sätze, wobei du die Partizipialkonstruktion zunächst mit einem Relativsatz, danach mit einem temporalen Adverbialsatz wiedergibst. Achte auf das Zeitverhältnis und überlege, in welchen Sätzen auch eine kausale oder konzessive Sinnrichtung denkbar wäre.

5. Soweit die Flügel tragen

25

Übersetze den Text schriftlich auf ein Blatt. Bearbeite aber zuvor die Aufgaben unter dem Text.

1. Daedalus et Icarus regem potentem Cretae insulae fugere cupiebant. 2. Itaque Daedalus alas (ala, ae: Flügel) paravit. Tandem alas ad fugam paratas umeris filii hoc dono gaudentis accommodavit (accommodare: anpassen). 3. Dum alae a patre accommodantur, Icarus monitus est: „Vita pericula solis alas delentis, vita pericula maris ventis moti! Sic tutus a periculis per caelum latum in patriam desideratam volare poteris.“ 4. Tum Daedalus et Icarus spe libertatis adducti fugam inierunt et per aerem volaverunt. 5. Sed Icarus a patre monitus tamen summa audacia caelum altum appetivit. 6. Itaque accidit, ut alae a patre factae statim igne solis delerentur. 7. Daedalus filio amato auxilio venire voluit, sed filium de caelo cadentem servare non iam potuit. 8. Corpus tantum filii a Daedalo in ora insulae inventum et terra conditum est; postea haec insula nomine mortui „Icaria“ nominata est.

a) Markiere jedes PPP, das als Participium coniunctum verwendet wird, grün.

b) Markiere jedes Prädikat, das im Perfekt Passiv steht, blau.

c) Markiere jedes PPA rot.

d) Finde mit Hilfe eines Atlasses heraus, wie weit die Inseln Kreta und Ikaria in etwa voneinander entfernt sind.

20

1. Wörter, Wörter, Wörter ...

Gib für die folgenden Vokabeln mindestens eine Bedeutung an.
Die Zahl in Klammern verrät dir, wie viele Bedeutungen du gelernt hast.

a) arx (1)		n) iudex (1)	
b) singulus (2)		o) amicitia (1)	
c) senex (2)		p) in vincula dare (2)	
d) reddere (3)		q) pellere (3)	
e) alius ... alius (1)		r) invitus (2)	
f) sacerdos (1)		s) redire (2)	
g) munitio (2)		t) posteri (1)	
h) ne ... quidem (1)		u) arma (2)	
i) gravis (1)		v) argentum (1)	
j) perniciei esse (1)		w) lex (2)	
k) silentium (1)		x) proelium (2)	
l) odium (1)		y) praeda (1)	
m) fama (2)		z) hostis (1)	

10

2. Stammformen

Vervollständige die Tabelle mit den fehlenden Stammformen und mindestens einer deutschen Bedeutung.

a) cogere				
b)		vici		
c)	do			
d)				zurückgeben
e) redire				
f)	cognosco			
g)		corripui		

3. PPA und PPP ... unerlässlich für den Abl. abs.

10

Bilde zu jedem der folgenden Verben das PPA und das PPP im Ablativ Singular und Plural (jeweils Maskulinum).

	PPA (Singular / Plural)		PPP (Singular / Plural)	
a) facere				
b) terrere				
c) pellere				
d) accipere				
e) vocare				
f) mittere				

4. Der besondere Fall

15

In einigen Wendungen tritt beim Ablativus absolutus an die Stelle des Partizips ein Substantiv oder Adjektiv. Versieh jede Wendung und ihre Übersetzung mit derselben Zahl von 1–9.

Caesare consule	Augusto puero	gegen den Willen Cäsars	nach Cäsars Tod
Romulo auctore	Romulo praesente	unter dem Konsulat Cäsars	zu Lebzeiten des Augustus
Romulo rege	Caesare mortuo	in Anwesenheit des Romulus	in der Kindheit des Augustus
Augusto imperatore	Augusto vivo	unter der Regierung des Romulus	unter der Herrschaft des Augustus
Caesare invito		auf Veranlassung des Romulus	

5. Römer und Germanen

20

Ergänze zunächst die Ablativi absoluti grammatisch korrekt und sinnvoll. Übersetze dann die so entstandenen Sätze und überlege dabei, welche Sinnrichtung den Inhalt des Abl. abs. jeweils am besten wiedergibt.

1) **Germanis**
2) **Hostibus**
3) **Germania**
4) **Captivis**

A) **patriam defendentibus** Romani repelli non potuerunt.
B) **occupata** Romani nonnullos captivos Romam deduxerunt.
C) **bello superatis** parva pars Germaniae a Romanis occupata est.
D) **Germanis bene in agris laborantibus** domini Romani servos Germanos libenter emebant.

1. Nur noch zwei Mal!

Gib für die folgenden Vokabeln mindestens eine Bedeutung an.
Die Zahl in Klammern verrät dir, wie viele Bedeutungen du gelernt hast.

a) pax (1)		n) poscere (2)	
b) obtinere (2)		o) deficere (3)	
c) prodere (2)		p) exstinguere (2)	
d) censere (3)		q) barbarus (3)	
e) conspicere (1)		r) intellegere (2)	
f) exigere (2)		s) facinus (2)	
g) cogere (2)		t) numen (2)	
h) auctoritas (3)		u) maximus (2)	
i) claudere (3)		v) evenire (1)	
j) iactare (3)		w) decernere (2)	
k) improbus (2)		x) cognoscere (2)	
l) ruere (3)		y) ignoscere (1)	
m) mens (4)		z) conscribere (2)	

2. Stammformen

Vervollständige die Stammformenreihen der folgenden Verben aus der Tabelle zu Aufg. 1.

a) decernere			
b)		exstinxi	
c)	prodo		
d)			intellectum
e)	posco		---
f)	exigo		
g)		clausi	

3. Farbenspiel

10

Bestimme jeweils Tempus und Modus der folgenden Verbformen und unterstreiche sie in folgenden Farben:
Indikativ Präsens: rot; Konjunktiv Präsens: grün; Indikativ Perfekt: blau; Konjunktiv Perfekt: gelb.

des – iit – intellegit – velim – ierimus – potuerim – voluimus – respondent – fuerint – cogamus – existimatis – exstinxerunt – it – intellexeris – poposcit – vult – clauserint – sim – decrevistis – fugiat

4. Zeitmaschine

15

Verwandle jede Indikativform in die entsprechende Form des Konjunktiv Präsens und Perfekt.

	Konj. Präs.	Konj. Perf.
a) dat		
b) efficitur		
c) vult		
d) iacto		
e) mittimus		

	Konj. Präs.	Konj. Perf.
f) possunt		
g) trador		
h) estis		
i) rapiuntur		
j) corriperis		

5. Römer raus!

25

Übersetze zunächst mündlich und ergänze jeweils das angegebene Verb im Konjunktiv.
Entscheide, ob du Präsens oder Perfekt wählen musst. Übersetze dann abschließend nochmals den ganzen Text.

In consilio Germanorum:

a) „Cum nos libertatem .... *(amare)*, servire non possumus. **b)** Itaque postulo, ut Romani patriam nostram .... *(relinquere)*. **c)** Nam impedire debemus, ne hostis in Germania .... *(manere)*. **d)** Necesse igitur est Romanis tandem resistere, cum nos tot iniurias .... *(sustinere)*. **e)** Certe dei patriae nostrae aderunt, cum Romani religionem eorum .... *(vetare)*. **f)** Vos igitur, di patriae, oro atque obsecro, ne .... *(sinere)* Romanos nos servos facere. **g)** Adeste nobis, ut consilium bonum .... *(capere)*, quemadmodum scelerati isti pelli .... *(posse)*.“

1. Bald geschafft!

Du hast die letzte Lernstufe vor dem großen Abschlusstest erreicht. Gratulation, dass du so lange durchgehalten hast! Gib für die folgenden Vokabeln nochmals mindestens eine Bedeutung an. Die Zahl in Klammern verrät dir, wie viele Bedeutungen du gelernt hast.

a) ferre (3)		n) nuper (2)	
b) crescere (1)		o) inde (3)	
c) minime (2)		p) praeferre (1)	
d) differre (2)		q) prope (3)	
e) afferre (4)		r) aliter (2)	
f) item (2)		s) conferre (2)	
g) referre (2)		t) proinde (2)	
h) offerre (2)		u) undique (2)	
i) noscere (2)		v) forte (1)	
j) tegere (3)		w) ruri (1)	
k) efferre (2)		x) deferre (3)	
l) usque (1)		y) parum (1)	
m) pariter (2)		z) omnino (3)	

2. Stammformen

Vervollständige die Stammformenreihen der folgenden Verben aus der Tabelle zu Aufg. 1.

a) ferre			
b)		crevi	---
c)	tego		
d) afferre			
e) efferre			
f)		novi	
g) offerre			

3. -e, -iter oder -er?

Bilde zu jedem der folgenden Adjektive das Adverb.

a) praeclarus		d) acer		g) verus	
b) celer		e) infelix		h) turpis	
c) vehemens		f) sapiens		i) bonus	

15

4. Formentelefon: ferre

15

1) 1. Pers. Sg.	2) 2. Pers. Sg.	3) 3. Pers. Sg.	4) 1. Pers. Pl.	5) 2. Pers. Pl.	6) 3. Pers. Pl.
1) Präs.	2) Impf.	3) Fut. I	4) Perf.	5) Plusqpf.	6) Fut. II
7) Indikativ	8) Konjunktiv		9) Aktiv	0) Passiv	

a) Bilde entsprechend der Ziffernfolge die gewählte Form von ferre und übersetze sie.

a) 2179	c) 5489	e) 6579
b) 3379	d) 1280	f) 4570

b) Übersetze die folgenden Formen von ferre und wandle sie in eine Telefonnummer um.

a) feratur	c) ferremini	e) ferebam
b) lati essemus	d) tulero	f) tulistis

5. Ungeheuerlich!

30

Zwei Germanen unterhalten sich über die römischen Eindringlinge.
Übersetze den Text schriftlich. Bearbeite aber zuvor die Aufgaben unter dem Text.

A: Isti Romani mihi semper odio erunt! Hostes prohibere debemus, ne cultum nostrum omnino deleant!

B: Non intellego, cur omnes ira commoti Romanos vehementer reprehendant.

A: At apertum est istos dominos malos esse. Germania nostra occupata Romani crudeliter in nos vindicant. Libertate nostra rapta Romani nobis superbe imperant. Immo nos ipsos Romanos facere volunt.

B: Timeo, ne erres. Nam Romani multa bona ad nos attulerunt. Cultu eorum allato salus communis celeriter crescit.

A: Falleris. Cum isti Romani iam totum orbem oppresserint, tamen plus poscere non desinunt. Tam saevi sunt quam lupi (lupus, i: Wolf). Nonne vides istud monstrum ingens a Romanis ad muros oppidi adductum? Ea munitione confecta nos omnes crudeliter necabimur! Ea munitio omnibus nobis maximam calamitatem inferet.

B: Desine tandem tam stulte dicere! Ea munitio, quam monstrum nominas, aquaeductus (!) est. Aquam recentem e montibus in oppidum nostrum inferet. Itaque Romanis imperantibus aqua bona non carebimus. Quin intellegis Romanos nobis multa commoda offerre?

a) Markiere alle Konjunktive grün. b) Markiere alle Adverbien gelb. c) Markiere alle Ablativi absoluti blau.

Nun zeigt sich, ob du erfolgreich wiederholt hast und dich verbessern konntest.
Bearbeite die Aufgaben und vergleiche deine Antworten mit den Lösungen. Dort siehst du auch, wie viele Punkte du für jede richtige Antwort erhältst. Zähle deine Punkte zusammen und ermittle danach mit der Bewertungstabelle am Ende des Abschlusstests, welche Rolle du im Affenwald spielst …

1. Wort für Wort — 6 BE

Gib für die folgenden Vokabeln mindestens eine richtige Bedeutung an.
Die Zahl in Klammern sagt dir, wie viele Bedeutungen du gelernt hast.

a) promittere (1)		g) aeternus (1)	
b) respicere (2)		h) iudex (1)	
c) gravis (1)		i) postulare (1)	
d) umquam (1)		j) paene (1)	
e) sors (3)		k) placet (2)	
f) interrogare (1)		l) aestimare (3)	

2. Stammformen — 8 BE

Gib für die folgenden Verben die Stammformen und mindestens eine richtige Bedeutung an.

	1. Pers. Sg. Präs.	1. Pers. Sg. Perf.	PPP	Bedeutung
a) tollere				
b) providere				
c) dare				
d) quaerere				

3. Bilde die angegebenen Formen. — 6 BE

a) Gen. Sg. von fides		d) Dat. Pl. von gens	
b) Akk. Sg. von nomen		e) Nom. Pl. von crimen	
c) Dat. Sg. von ira		f) Abl. Sg. von vultus	

4. Bestimme Person, Numerus, Tempus, Modus und Genus verbi. 5 BE

a) praesunt		f) neglexit	
b) petamur		g) conspiceretur	
c) moti sunt		h) voletis	
d) cucurrissetis		i) laudaris	
e) faciebam		j) auctum esset	

5. PPA oder PPP? 4 BE

Markiere die korrekte Partizipialform.

a) Orpheus coniugem **desideratam / desiderans / desiderantem** in Tartarum descendit.

b) Iuppiter Europam metu **captus / capiens / captam** in Cretam deduxit.

6. Übersetze. 11 BE

a) Urbe igne deleta quibusdam Christianis crimini datum est, ut auctores ignis essent. b) Itaque isti nullo resistente in arena interfecti sunt. c) Mos enim vetus Romanorum fuit in sceleratos nefarios graviter (hart) vindicare. d) Alii eorum in vincula dati sunt, alii autem bestiis obiecti poenam acerbam solverunt. e) Hoc genere poenae efficiebatur, ut populus illud supplicium in amphitheatro spectans metu mortis ab isdem flagitiis prohiberetur.

....

....

....

....

....

....

7. Fremdwörter? 4 BE

Erkläre die folgenden Fremdwörter. Gib dabei jeweils das lateinische Ursprungswort an, das diesen Fremdwörtern zugrunde liegt, z.B.: lädiert – verletzt (laedere).

a) ein **fragiler** Gegenstand b) Müll **deponieren** c) das **tangiert** mich nicht d) den Preis **reduzieren**

e) die neue **Version** f) das **Objekt** der Begierde g) gerecht **regieren** h) **insolvent** sein

Punkte	44–38	37–31	30–24	23–17	16–11	10–0
Bewertung	**STATTLICHER SILBERRÜCKEN-GORILLA** König des Dschungels	**BERGGORILLA** Herr im Regenwald	**SCHIMPANSE** ... macht sich nicht zum Affen	**PAVIAN** ... braucht noch ein paar Kletterstunden	**BRÜLLAFFE** ... viel Lärm um nichts	**KLAMMERAFFE** ... allenfalls Darsteller im Affentheater

Inhalt

Erreichbare Bonuspunkte

alle Übungen für Totenkopfäffchen:	insg. 1200 Bonuspunkte
alle Übungen für Paviane:	insg. 900 Bonuspunkte
alle Übungen für Gorillas:	insg. 600 Bonuspunkte

LÖSUNGEN

EINSTUFUNGSTEST (Seite 4/5)

1. je ½ BE **a)** alt **b)** heimlich **c)** hierher **d)** Angst **e)** festsetzen/beschließen **f)** unbekannt **g)** der mittlere/in der Mitte (von) **h)** Schlaf **i)** oder **j)** Heereszug **k)** bringen/herbeibringen/mitbringen/melden **l)** wünschen/verlangen

2. je ½ BE **a)** dimitto, dimisi, dimissum: aufgeben/entlassen **b)** premo, pressi, pressum: (unter)drücken/bedrängen **c)** pello, pepuli, pulsum: stoßen/schlagen/(ver)treiben **d)** frango, fregi, fractum: zerbrechen

3. je 1 BE **a)** diei **b)** carminibus **c)** maria **d)** plebi **e)** exercitus **f)** navem

4. je ½ BE **a)** 3. Pers. Pl. Präs. Ind. Akt. **b)** 1. Pers. Pl. Impf. Konj. Pass. **c)** 3. Pers. Sg. m Perf. Ind. Pass. **d)** 2. Pers. Pl. Plusqpf. Konj. Akt. **e)** 1. Pers. Sg. Impf. Ind. Akt. **f)** 1. Pers. Sg. Fut. II Ind. Akt. **g)** 3. Pers. Pl. n Plusqpf. Ind. Pass. **h)** 2. Pers. Sg. Impf. Konj. Akt. **i)** 3. Pers. Sg. n Perf. Ind. Pass. **j)** 1. Pers. Pl. f Plusqpf. Konj. Pass.

5. je 2 BE **a)** captus **b)** cantantis

6. insgesamt max. 11 BE; 1 BE Abzug pro Fehler; für kleine Fehler, wie z.B. Numerus und Tempus, kann auch nur ½ BE abgezogen werden. **a)** Als/Nachdem/Weil die Römer bei Cannae besiegt worden waren, baten die Soldaten Hannibal, dass er Rom angreift / Rom anzugreifen. **b)** Deshalb befahl Hannibal, dass das Heer an die Tore der Stadt herangeführt wird / das Heer ... heranzuführen. **c)** Dann aber schonte der Anführer, obwohl er / der nach Ruhm begierig war, dennoch die Stadt. **d)** Wenn damals die Punier unter Hannibals Führung die verzweifelten Römer angegriffen hätten, wäre Rom sicherlich von diesen/ihnen erobert worden.

7. je ½ BE **a)** Wirkung ← efficere **b)** tätig ← agere **c)** gepflegt ← colere **d)** Anstoß ← impellere **e)** Qual, Folter ← torquere **f)** berücksichtigen, sich halten an ← respicere **g)** beweglich, biegsam ← flectere **h)** hinzufügen ← addere

LERNBLOCK 1 • LERNSTUFE 1 (Seite 6/7)

1. **a)** innerhalb (von) **b)** Brust/Herz **c)** Trauer **d)** vor/anstelle von/für **e)** *m. Akk.*: in (... hinein)/nach/gegen; *m. Abl.*: in/ an/auf/bei **f)** Seufzen/Traurigkeit **g)** Gefährte/Verbündeter **h)** Küste/Strand **i)** Zahl/Menge **j)** Bildung/Lebensweise/Pflege/Verehrung **k)** Verbrechen/Schurke **l)** Glaube/Treue/Vertrauen/Zuverlässigkeit **m)** Gesicht/Gesichtsausdruck/*Pl.*: Gesichtszüge **n)** gegen **o)** Anblick/Aussehen/Schein **p)** Abstammung/Art/Geschlecht **q)** Tag **r)** Angriff/Schwung **s)** Wunde/Verlust **t)** Nutzen/Benutzung **u)** Art/Weise/Maß **v)** Verderben/Vernichtung **w)** Verbrechen/Vorwurf/Beschuldigung **x)** gegen **y)** (günstige) Zeit/Umstände **z)** über...(hinaus)/jenseits

2. **a)** adversus (m. Akk.), contra (m. Akk.), in (m. Akk. oder Abl.), intra (m. Akk.), pro (m. Abl.), trans (m. Akk.) **b)** fides, species, dies, pernicies **c) o-Deklination:** socius, numerus, modus / **u-Deklination:** luctus, gemitus, cultus, vultus, impetus, usus / **3. Deklination:** pectus, litus, scelus, genus, vulnus, tempus **d)** res secundae: Glück / res futurae: Zukunft / res publica: Staat / res adversae: Unglück

3.

	a-Dekl.		o-Dekl.		3. Dekl. (n)	
	Singular	Plural	Singular	Plural	Singular	Plural
Nom.	mor-a	mor-ae	taur-us	taur-i	crimen	crimin-a
Gen.	mor-ae	mor-arum	taur-i	taur-orum	crimin-is	crimin-um
Dat.	mor-ae	mor-is	taur-o	taur-is	crimin -i	crimin-ibus
Akk.	mor-am	mor-as	taur-um	taur-os	crimen	crimin-a
Abl.	mor-a	mor-is	taur-o	taur-is	crimin-e	crimin-ibus

4. a) → mare: (das) Meer → maria: (die) Meere → e maribus: aus den Meeren → e mari: aus dem Meer **b)** → ab animali: von dem (vom) Tier → ab animalibus: von (den) Tieren → animalia: (die) Tiere → animalium: der Tiere **c)** → de domo: vom (über das) Haus → domum: das Haus → domos: die Häuser → domorum: der Häuser

5. a) Gen. subi.: die Liebe der Mutter / Gen. obi.: die Liebe zur Mutter **b)** Gen. obi.: die Hoffnung auf Rettung **c)** Gen. obi.: der Hass auf dich **d)** Gen. obi.: die Furcht vor dem Tod / Todesfurcht **e)** Gen. subi.: die Furcht der Gallier / Gen. obi.: die Furcht vor den Galliern

LERNBLOCK 1 • LERNSTUFE 2 (Seite 8/9)

1. a) glücklich/reich **b)** froh/fruchtbar **c)** sicher/bestimmt **d)** ungern/gegen den Willen **e)** gewissenhaft/sorgfältig **f)** alt **g)** erfolgreich/glückbringend/glücklich **h)** einige/manche **i)** häufig/zahlreich **j)** klug/weise **k)** viel(es) **l)** bitter/grausam/rücksichtslos **m)** arm **n)** wenige **o)** zwei **p)** ganz/gesamt **q)** rechts **r)** unsterblich **s)** ewig **t)** kein **u)** zehn **v)** leicht (zu tun) **w)** offen/offenkundig **x)** reich **y)** acht **z)** mehrere

2. a) 1: unus; 2: duo, duae, duo; 3: tres, tria; 4: quattuor; 5: quinque; 6: sex; 7: septem; 8: octo; 9: novem; 10: decem **b)** beatus, laetus, certus, invitus, nonnulli, multa, acerbus, pauci, totus, dexter, aeternus, nullus, apertus **c)** diligens, vetus, felix, frequens, sapiens, pauper, dives **d)** totius (Gen. Sg.), toti (Dat. Sg.); nullius (Gen. Sg.), nulli (Dat. Sg.)

3. nomen vetus (Nom./Akk. Sg. n) / vultui felici (Dat. Sg. m) / rege vetere (Abl. Sg. m) / feminas sapientes (Akk. Pl. f) / temporum felicium (Gen. Pl. n) / socium veterem (Akk. Sg. m) / regibus sapientibus (Dat./Abl. Pl. m) / filiae felicis (Gen. Sg. f) / consilia sapientia (Nom./Akk. Pl. n)

4. a) Pauperes multa non habent: Arme haben nicht viel / vieles nicht. **b)** Sapientibus credimus: Wir glauben (den) Weisen / weisen Menschen. **c)** Turpia honestis non placent: Schändliches gefällt (den) Ehrenhaften / ehrenhaften Menschen nicht. **d)** Divites saepe inania habent: Reiche haben oft Wertloses / wertloses Zeug.

5. a) ingentis corporis: ein Mann von/mit gewaltigem Körper **b)** vultu laeto: ein Mädchen mit frohem Gesichtsausdruck **c)** Is vir magnae virtutis est: Dieser Mann ist von großer Tapferkeit / ist ein sehr tapferer Mann / hat große Tapferkeit. **d)** Ea femina summo ingenio est: Diese Frau ist von höchster Begabung / ist äußerst begabt / besitzt höchste Begabung. **e)** Virum eius modi omnes amant: Einen derartigen Mann / Mann von dieser Art lieben alle.

LERNBLOCK 1 • LERNSTUFE 3 (Seite 10/11)

1. **a)** Konsul **b)** wie (beschaffen) / was für ein(e) **c)** gleichzeitig/zugleich **d)** jener/der (dort)/damalig/ berühmt **e)** Anführer/Gründer/Schriftsteller/Verfasser **f)** energisch/heftig **g)** ein gewisser/(irgend) einer/*Pl.* einige **h)** mächtig/stark **i)** Schandtat/Gemeinheit **j)** (er) selbst/persönlich/gerade/sogar **k)** schließlich/zuletzt **l)** bitter/grausam/rücksichtslos **m)** Gesicht/Mund **n)** Form/Gestalt/Schönheit **o)** Bedingung/Lage/Verabredung **p)** derartig/ein solcher/so (beschaffen) **q)** auch **r)** dieser (hier)/ folgender/hier **s)** Schaden/Unglück **t)** heilig/geweiht **u)** sofort **v)** sterblich/*Subst.* Mensch **w)** derselbe/ der gleiche **x)** dann/darauf **y)** Kopf/Hauptstadt **z)** dieser (da)

2. **a)** consul, consulis, consules / auctor, auctoris, auctores / flagitium, flagitii, flagitia / os, oris, ora / forma, formae, formae / condicio, condicionis, condiciones / calamitas, calamitatis, calamitates / caput, capitis, capita **b)** tum – deinde / postremo – denique / statim – protinus / etiam – quoque **c)** ille – quidam – ipse – hic – idem – iste **d)** vehemens, vehementis, vehementia / potens, potentis, potentia / acerbus, acerbi, acerba / talis, talis, talia / sacer, sacri, sacra / mortalis, mortalis, mortalia

3. 1. Reihe: huius – illius – ipso; ipsa – isti / 2. Reihe: quarundam – eisdem (iisdem; isdem) – huic; his; horum (haec ist entweder Nom. Sg. f oder Nom. Pl. n oder Akk. Pl. n. Entsprechend sind drei Lösungen möglich.) – illius

4. **a)** puer: Als Junge hörte Hannibal viel Schlechtes über die Römer. **b)** imperator: Nach dem Tod seines Vaters griff Hannibal als Feldherr die Bundesgenossen der Römer an. **c)** primus: Wenig später hat Hannibal als Erster mit Elefanten die Alpen überquert. **d)** felices; tristes: In Italien kämpften die Punier zuerst erfolgreich mit den Römern, schließlich kehrten sie aber traurig nach Afrika zurück. **e)** consul: Dort besiegte Scipio als Konsul den Hannibal.

5. **1.** Ein (gewisser) reicher Herr kehrte nach drei Jahren in seine Heimat zurück. **2.** Philolaches, der Sohn desselben Herrn, hatte während dieser Jahre immer zusammen mit Tranio, einem Sklaven von großer Kühnheit, Wirtshäuser aufgesucht. **3.** Deshalb hatte er alle Pflichten und die Sorge für das Haus vernachlässigt. **4.** Zufällig hatte Tranio im alten Hafen den Herrn ein Schiff verlassen gesehen. **5.** Weil der Herr ein sehr zorniger Mann / ein Mann von sehr heftigem Zorn war, fürchtete dieser Sklave eine Strafe für jene schändliche Sache und wollte diesen vom Haus abhalten. **6.** Deshalb sagte er: „Herr, du kannst dieses Haus da nicht mehr betreten! Sieben Gespenster mit gewaltigen Körpern haben innen alles zerstört! **7.** Deshalb wohnt dein Sohn nicht mehr in diesem Haus, sondern in einem anderen." **8.** Dann begann der Sklave den Herrn zum neuen Haus des Sohnes wegzuführen. **9.** Aber gerade zu dieser Zeit ging Philolaches aus dem Haus des Vaters heraus. **10.** Jener sang fröhlich, als er plötzlich den Vater persönlich erblickte. **11.** Während jener immer noch zögerte, rief Tranio: **12.** „Diese Sache ist nicht so, wie du glaubst …"

a) 1. quidam 2. eiusdem/hos 5. iste/illius/hunc 6. istam 7. tuus/ista 9. hoc/ipso 10. ille/ipsum 11. ille 12. haec

b) 2. eiusdem domini: Genitivattribut zu filius / Tranione: Ablativ nach der Präposition cum / servo: Apposition zu Tranione / magnae audaciae: Genitiv der Beschaffenheit / domus: Genitivus obiectivus zu curam 4. portu vetere: Ablativ nach der Präposition in / ira acri: Ablativ der Beschaffenheit / illius rei: Genitivus obiectivus / domo: Ablativ nach der Präposition a 5. ingentibus corporibus: Ablativ der Beschaffenheit 6. ista domo; alia: Ablativ nach der Präposition in 7. filii: Genitiv des Besitzers 8. hoc ipso tempore: Ablativ der Zeit / domo: Ablativ nach der Präposition e / patris: Genitiv des Besitzers

LERNBLOCK 2 • LERNSTUFE 4 (Seite 12/13)

1. **a)** pflegen/sorgen für **b)** (an)beten/bitten **c)** leugnen/verneinen/verweigern **d)** beanspruchen/bestrafen/in *m. Akk.* vorgehen gegen **e)** meiden/vermeiden **f)** überreden/überzeugen **g)** versprechen **h)** (ver)ändern/verwandeln **i)** heiraten **j)** überleben/übrig sein **k)** anordnen/befehlen **l)** aufhetzen/beunruhigen/erregen **m)** geschehen/sich ereignen **n)** betreffen/gehören (zu)/sich erstrecken (bis) **o)** frei sein von/ohne (etw.) sein/nicht haben **p)** unterstützen/helfen/erfreuen **q)** fragen **r)** befehlen/herrschen (über) **s)** heranführen/veranlassen **t)** fliehen (vor)/meiden **u)** im Stich lassen/verlassen **v)** leiten/an der Spitze stehen **w)** schonen/verschonen **x)** dienen/Sklave sein **y)** entfliehen/entkommen **z)** töten

2. **a)** effugere, effugio, effugi **b)** praeesse, praesum, praefui **c)** iubere, iubeo, iussi, iussum **d)** nubere, nubo, nupsi, nuptum **e)** parcere, parco, peperci **f)** persuadere, persuadeo, persuasi, persuasum **g)** deserere, desero, deserui, desertum

3. **a)** Der Konsul sorgt für die Bürger. **b)** Der Konsul fragt die Senatoren um Rat. **c)** Der König sorgt für das Volk. **d)** Der König sieht die Gefahr vorher. **e)** Die Schüler suchen den Lehrer. **f)** Der Lehrer fragt die Schüler.

4. **nennen; bezeichnen (als):** dicere, nominare, appellare, vocare / **halten für:** aestimare, ducere, putare / **machen zu:** reddere, facere

5. auxilio venire: zu Hilfe kommen / honori esse: Ehre einbringen / perniciei esse: Verderben bringen / crimini dare: zum Vorwurf machen / usui esse: von Nutzen sein; nützlich sein / ornamento esse: als Schmuck dienen / curae esse: Sorge bereiten

6. **a)** Dies ist das Haus des Vaters. / Dieses Haus gehört dem Vater. **b)** Es ist Aufgabe/Pflicht des Konsuls, für den Staat zu sorgen. **c)** Es ist Aufgabe/Pflicht eines Feldherrn / typisch für den Feldherrn, mit einer Rede die Tapferkeit der Soldaten zu vergrößern. **d)** Es ist Aufgabe/Pflicht des Lehrers, die Schüler zu unterrichten.

LERNBLOCK 2 • LERNSTUFE 5 (Seite 14/15)

1. **a)** rollen/wälzen/überlegen **b)** antreiben/veranlassen **c)** aufstellen/beschließen/festsetzen **d)** zurückblicken/berücksichtigen **e)** ertragen/standhalten **f)** aufgeben/entlassen **g)** wenden/drehen **h)** bevorstehen/hart zusetzen **i)** (zusammen) werfen/folgern/vermuten **j)** nicht (be)achten/vernachlässigen **k)** bewegen/veranlassen **l)** wegführen/rauben/wegreißen **m)** (zu)lassen/erlauben **n)** behalten/festhalten/zurückhalten **o)** biegen/(hin)lenken/umstimmen **p)** hinzufügen **q)** schenken/zuteilen **r)** lesen/auswählen **s)** bewirken/herstellen **t)** auf sich nehmen/herangehen **u)** (sich) fürchten **v)** anfangen/beginnen **w)** sehr erschrecken/einschüchtern **x)** (vorwärts)gehen/vorrücken **y)** festsetzen/beschließen **z)** bewirtschaften/pflegen/verehren

2. **a)** addere, addo, addidi, additum **b)** efficere, efficio, effeci, effectum **c)** flectere, flecto, flexi, flexum **d)** incipere, incipio, coepi (incepi), inceptum **e)** neglegere, neglego, neglexi, neglectum **f)** procedere, procedo, processi, processum **g)** colere, colo, colui, cultum

3. **a)** accidunt – tribuuntur / vertebaris – necabas / colam – flectar / orat – retinetur / adducemus – perterrebimur / dimittebamini – fugiebatis / curaris – incipis / rapiebantur – coniciebant

b) accidunt: sie ereignen sich / avertebaris: du wurdest vertrieben / colam: ich werde verehren / orat: er betet / adducemus: wir werden veranlassen / perterrebimur: wir werden eingeschüchtert werden / dimittebamini: ihr wurdet entlassen / tribuuntur: sie werden zugeteilt / curaris: du wirst gepflegt / rapiebantur: sie wurden geraubt / necabas: du tötetest / flectar: ich werde umgestimmt werden / retinetur: er wird festgehalten / incipis: du fängst an / fugiebatis: ihr floht / coniciebant: sie vermuteten

4. a) Alle Gefahren werden von Hannibal überwunden **b)** Nos ab omnibus laudamur: Wir werden von allen gelobt. **c)** Multa bella a vobis gerebantur: Viele Kriege wurden von euch geführt. **d)** Hannibal a Romanis numquam terrebitur: Hannibal wird von den Römern niemals erschreckt werden. **e)** Hostes a militibus Hannibalis semper vincentur: Die Feinde werden von Hannibals Soldaten immer besiegt werden.

5. a) rapior: ich werde geraubt **b)** movebamini: ihr wurdet bewegt **c)** interrogabitur: er wird gefragt werden **d)** rapiemini: ihr werdet geraubt werden **e)** fugiuntur: sie werden gemieden **f)** interrogabor: ich werde gefragt werden **g)** fugiebatur: er wurde gemieden **h)** interrogabimur: wir werden gefragt werden **i)** movebaris: du wurdest bewegt

LERNBLOCK 2 • LERNSTUFE 6 (Seite 16/17)

1. a) umkommen/zugrunde gehen **b)** aufheben/in die Höhe heben/wegnehmen **c)** bedrohen/niederwerfen/unterdrücken **d)** (auf)stellen/(hin)legen/setzen **e)** verändern/(um)wenden **f)** übergeben/überliefern **g)** lösen/auflösen/bezahlen **h)** zurückführen/zurückziehen **i)** umgeben **j)** täuschen/betrügen **k)** vertreiben/verbannen **l)** verlieren/verschwenden/zugrunde richten **m)** niederlegen/aufgeben **n)** lernen/erfahren **o)** beschädigen/verletzen/beleidigen **p)** aufsuchen/(er)streben/bitten/verlangen **q)** zerbrechen **r)** wünschen/verlangen **s)** schimpfen/kritisieren **t)** aufbrechen/weitermachen **u)** berühren **v)** fertig machen/beenden **w)** beherrschen/leiten/lenken **x)** (unter)drücken/bedrängen **y)** darbieten/vorwerfen **z)** wiederherstellen

2. a) petere, peto, petivi, petitum **b)** solvere, solvo, solvi, solutum **c)** perdere, perdo, perdidi, perditum **d)** tangere, tango, tetigi, tactum **e)** ponere, pono, posui, positum **f)** frangere, frango, fregi, fractum **g)** premere, premo, pressi, pressum

3. a) Alle Gefahren wurden von Hannibal überwunden. **b)** Hannibal a militibus laudatus est: Hannibal wurde von den Soldaten gelobt. **c)** quia Romani (ab eo) saepe victi erant: weil die Römer (von ihm) oft besiegt worden waren. **d)** Si signum a te datum erit, Roma (a nobis) capietur: Wenn von dir ein Zeichen gegeben (worden sein) wird, wird Rom (von uns) erobert werden.

4. a) circumdat → circumdatur (er wird umgeben) → circumdatus est (er ist umgeben worden) → circumdatus erit (er wird umgeben worden sein) **b)** fregerunt → fractae sunt (sie sind zerbrochen worden) → fractae erant (sie waren zerbrochen worden) → fracta erat (sie war zerbrochen worden) **c)** vertimur → versi eramus (wir waren gewendet worden) → versus eram (ich war gewendet worden) → versus sum (ich bin gewendet worden) **d)** perdiderat → perditum erat (es war verloren worden) → perditum est (es ist verloren worden) → perdebatur (es wurde verloren)

5. 1. Hamilkar sagte zu seinem Sohn Hannibal: „Wenn die Römer von uns nicht besiegt werden / worden sind / worden sein werden, werden sie wieder Krieg gegen uns führen. Es ist also die Aufgabe eines Feldherrn, Rom zu zerstören!“ **2.** So wurde Hannibal von seinem Vater zu einem Feind der Römer gemacht. **3.** Weil die Römer Hannibal sehr verhasst waren, wurde von ihm nach dem Tod seines Vaters

Italien angegriffen. **4.** Während das Heer über die Alpen geführt wurde, war es nötig, dass die Soldaten von Hannibal mit großartigen Reden angetrieben wurden. **5.** Denn häufig wurden sie auf dem Weg von höchsten Gefahren bedrängt. **6.** Damals wurde der Mut *(im Lateinischen Plural)* der Soldaten von Hannibal mit diesen Worten gestärkt: **7.** „Niemals, tapfere Männer, werdet ihr untergehen! Im Gegenteil werdet ihr den Römern Verderben bereiten. Bald werdet ihr Sieger genannt werden. Denn die Götter werden für euch sorgen!" **8.** Und das, was von Hannibal gesagt worden war, geschah: Nach großen Siegen machte das Heer der Punier vor den Toren der Stadt (Rom) halt. **9.** Obwohl die Römer von Angst vor dem Tod sehr erschreckt und beunruhigt wurden, eroberte Hannibal dennoch Rom nicht, sondern führte das Heer in andere Gebiete Italiens weg. **10.** Denn fast ganz Italien gehörte Hannibal. **11.** Die Beute des Siegers war gewaltig: Pferde, Männer, Silber – nichts ist den Besiegten zurückgelassen worden. **12.** Aber schließlich wurden die Punier von den Römern aus Italien vertrieben und wurden in Afrika besiegt.

a) 1. superati erunt: Futur II / 2. factus est: Perfekt / 3. temptata est: Perfekt / 4. ducitur: Präsens / 5. opprimebantur: Imperfekt / 6. confirmati sunt: Perfekt / 7. dicemini: Futur I / 8. dictum erat: Plusquamperfekt / 9. perterrebantur et sollicitabantur: Imperfekt / 11. relictum est: Perfekt / 12. expulsi et victi sunt: Perfekt **b)** 1. dixit: Perfekt; gerent: Futur I; est: Präsens / 3. erant: Imperfekt / 4. oportuit: Perfekt / 7. peribitis; eritis, consulent: Futur I / 8. accidit; constituit: Perfekt / 9. cepit; deduxit: Perfekt / 10. erat: Imperfekt / 11. erat: Imperfekt

LERNBLOCK 3 • LERNSTUFE 7 (Seite 18/19)

1. a) verurteilen **b)** gottlos/verbrecherisch **c)** aufhören **d)** einschätzen/beurteilen/*m. dopp. Akk.:* halten für **e)** so groß...wie **f)** niemand **g)** finden/erfinden **h)** fast **i)** herbeirufen/holen **j)** hierher **k)** die Bewohner der Unterwelt / Unterwelt **l)** so viele ... wie (viele) **m)** Strafe **n)** töten/vernichten **o)** nur/so viel **p)** so **q)** (genau) erfahren **r)** Gatte/Gattin **s)** im Gegenteil/ja sogar **t)** nach kurzer Zeit/bald (darauf) **u)** Zorn/Wut **v)** so beschaffen ... wie (beschaffen) **w)** allerdings/freilich **x)** hängen/stecken bleiben **y)** Wahnsinn/Wut z) heimlich

2. a) desinere, desino, desii, desitum **b)** arcessere, arcesso, arcessivi, arcessitum **c)** invenire, invenio, inveni, inventum **d)** comperire, comperio, comperi, compertum **e)** interficere, interficio, interfeci, interfectum **f)** haerere, haereo, haesi

3. a) talis ... qualis → so beschaffen ... wie (beschaffen) **b)** tantus ... quantus → so groß ... wie (groß) **c)** tot ... quot → so viele ... wie (viele) **d)** tam ... quam → so ... wie **e)** idem ... qui → derselbe ... wie **f)** ita ... ut → so ... wie **g)** tantum ... quantum → so viel ... wie (viel)

4. a) dat → daret → dedisset **b)** efficimur → efficeremur → effecti, ae essemus **c)** venio → venirem → venissem **d)** tangis → tangeres → tetigisses **e)** ponuntur → ponerentur → positi, ae essent **f)** confirmor → confirmarer → confirmatus, a essem **g)** omittimus → omitteremus → omisissemus **h)** possunt → possent → potuissent **i)** vult → vellet → voluisset **j)** estis → essetis → fuissetis

5. 1D Hannibals Soldaten waren so tapfer, dass sie von Gefahren nicht bewegt wurden. **2H** Hannibal wollte mit Elefanten die Alpen überqueren, um die Römer zu überraschen (unterdrücken). **3A** Die Soldaten hätten die Alpen nicht überquert, wenn sie nicht so tapfer (von so großer Tapferkeit) gewesen wären. **4B** In den Alpen gab es so große Gefahren, dass einige Soldaten haltmachen wollten.
5G Hannibal hätte nicht mit den Römern Krieg geführt, wenn ihm die Römer nicht verhasst gewesen

wären (er die Römer nicht gehasst hätte). **6E** Unterwegs bestand die Gefahr, dass die Soldaten die Hoffnung aufgeben. **7F** Die Römer wären ihren Verbündeten nicht zu Hilfe gekommen, wenn Hannibal diese nicht angegriffen hätte. **8C** Später fürchteten die Römer, dass Hannibal die Stadt erobert.

LERNBLOCK 3 • LERNSTUFE 8 (Seite 20/21)

1. a) Anführer(in) **b)** zögern/rasten **c)** notwendig **d)** zur Welt bringen/gebären/schaffen **e)** Jugend **f)** Blut **g)** friedlich/ruhig/sanft **h)** unbekannt **i)** die Götter **j)** großartig **k)** Gewalt/Kraft/Menge **l)** jemals **m)** (um) ein wenig **n)** Familienverband/Stamm/Volk **o)** Strafe/Hinrichtung/flehentliches Bitten **p)** immer wieder **q)** Los/Orakelspruch/Schicksal **r)** sich setzen/sich niederlassen **s)** Lebewesen/Tier **t)** laufen/eilen **u)** es gefällt jdm./jd. beschließt **v)** schwören **w)** Bitte/Gebet **x)** fliegen/eilen **y)** also/folglich **z)** ungefähr

2. a) comprehendere, comprehendo, comprehendi, comprehensum: begreifen/ergreifen/festnehmen **b)** ridere, rideo, risi, risum: lachen/auslachen **c)** parere, pario, peperi, partum: zur Welt bringen/gebären/schaffen **d)** considere, consido, consedi, consessum: sich setzen/sich niederlassen **e)** condere, condo, condidi, conditum: verwahren/verbergen/erbauen/gründen **f)** currere, curro, cucurri: laufen/eilen **g)** quaerere, quaero, quaesivi, quaesitum: suchen/fragen/erwerben wollen

3. dicens → dicentis → dicentibus → capientibus → capientes → capienti → putanti → putante → putantia → flectentia → flectentium → flectente → movente → moventem → movens → amans → amantes → amantia → descendentia → **descendentium**

4. Orpheus cantans (Nom. Sg. m): der singende Orpheus / sororis nubentis (Gen. Sg. f): der heiratenden Schwester / deorum iubentium (Gen. Pl. m): der befehlenden Götter / discipulis audientibus (Dat. Pl. m): den zuhörenden Schülern / magistri docentes (Nom. Pl. m): die unterrichtenden Lehrer / carmina moventia (Nom./Akk. Pl. n): die bewegenden Lieder / Icarum volantem (Akk. Sg. m): den fliegenden Ikarus / a Daedalo monente (Abl. Sg. m): vom mahnenden Dädalus / Eurydicae pereunti (Dat. Sg. f): der umkommenden Eurydike

5. a) omnia animalia moventia: Orpheus sang Lieder, die alle Tiere bewegten. **b)** coniugem desiderans: Aber nach dem Tod der Eurydike führte er ein trauriges Leben, weil er die Ehefrau vermisste. **c)** inferos regentem: Daher stieg er in den Tartarus hinab und versuchte Pluto, der die Bewohner der Unterwelt regierte, umzustimmen. **d)** vocem dulcem Orphei audientem: Die Lieder bewegten den Gott, als er die angenehme Stimme des Orpheus hörte. **e)** ad lucem solis rediens: Deshalb ist Eurydike dem Orpheus zurückgegeben worden. Aber dieser blickte zu jener zurück, als er zum Licht der Sonne zurückkehrte. **f)** oculos ad eam vertentis: So ist Eurydike durch die Liebe ihres Ehemanns, der die Augen zu ihr wendete, ein zweites Mal verloren worden.

LERNBLOCK 3 • LERNSTUFE 9 (Seite 22/23)

1. a) wegführen/hinführen **b)** und/und auch **c)** Rücken **d)** Fußsohle/Spur/Stelle **e)** zu Hilfe kommen **f)** Frau **g)** Falle/Attentat/Hinterlist **h)** Stier **i)** Kleidung/*Pl.* Kleider **j)** Sache/Ursache/Grund/Prozess **k)** Glaube/Aberglaube/(Gottes-)Verehrung/Frömmigkeit/Gewissenhaftigkeit **l)** fordern **m)** meiden/vermeiden **n)** Fuß **o)** (zurück)bleiben **p)** bemerken/in *m. Akk.:* vorgehen gegen **q)** Erinnerung/Gedächtnis/Zeit **r)** gewaltig/ungeheuer **s)** hindern/verhindern **t)** ehrwürdig/heilig **u)** Feuer **v)** Luft **w)** breit/ausgedehnt **x)** stolz/überheblich **y)** Mädchen/Jungfrau **z)** Altar

2. a) animadvertere, animadverto, animadverti, animadversum: bemerken **b)** movere, moveo, movi, motum: bewegen/beeindrucken **c)** facere, facio, feci, factum: machen/tun/handeln **d)** defendere, defendo, defendi, defensum: verteidigen/abwehren **e)** deducere, deduco, deduxi, deductum: wegführen, hinführen **f)** praestare, praesto, praestiti: gewähren/leisten/zeigen/übertreffen **g)** relinquere, relinquo, reliqui, relictum: verlassen/zurücklassen

3. a) uxor amata (Nom. Sg. f): die geliebte Ehefrau **b)** e labyrintho aedificato (Abl. Sg. m): aus dem gebauten Labyrinth **c)** insidiarum paratarum (Gen. Pl. f): der bereiteten Falle **d)** deus mutatus (Nom. Sg. m): der verwandelte Gott **e)** vestigii inventi (Gen. Sg. n): der gefundenen Spur **f)** pedes violatos (Akk. Pl. m): die verletzten Füße **g)** in aris ornatis (Abl. Pl. f): auf den geschmückten Altären **h)** virgini raptae (Dat. Sg. f): dem geraubten Mädchen

4. a) 1. der von Liebe ergriffene Stier **2.** die von Furcht bewegte Europa **3.** die vom Stier erschreckte Frau **4.** die nach Kreta weggeführte Jungfrau **5.** die von Jupiter geraubte Europa **6.** der in einen Stier verwandelte Jupiter

b) 1. Der Stier ist von Liebe ergriffen worden. **2.** Europa ist von Furcht bewegt worden. **3.** Die Frau ist vom Stier erschreckt worden. **4.** Die Jungfrau ist nach Kreta weggeführt worden. **5.** Europa ist von Jupiter geraubt worden. **6.** Jupiter ist in einen Stier verwandelt worden. – Durch das Hinzufügen von *est* wurde aus dem Participium coniunctum ein Prädikat im Perfekt Passiv.

c) 1. Der Stier, der von Liebe ergriffen worden ist, eilt zur Küste. / Der Stier eilt zur Küste, nachdem er von Liebe ergriffen worden ist. **2.** Europa, die von Furcht bewegt worden war, weinte. / Europa weinte, nachdem sie von Furcht bewegt worden war. **3.** Die Frau, die vom Stier erschreckt worden war, weinte. / Die Frau weinte, nachdem sie vom Stier erschreckt worden war. **4.** Die Jungfrau, die nach Kreta weggeführt worden war, weinte. / Die Jungfrau weinte, nachdem sie nach Kreta weggeführt worden war. **5.** Europa, die von Jupiter geraubt worden war, weinte. / Europa weinte, nachdem sie von Jupiter geraubt worden war. **6.** Jupiter, der in einen Stier verwandelt worden ist, eilt zur Küste. / Jupiter eilt zur Küste, nachdem er in einen Stier verwandelt worden ist. – Eine kausale Sinnrichtung („weil") ist denkbar für die Sätze 1, 2, 3, 4. Eine konzessive Sinnrichtung („obwohl") ist denkbar für Satz 5.

5. 1. Dädalus und Ikarus wünschten vor dem mächtigen König der Insel Kreta zu fliehen. **2.** Dädalus bereitete deshalb Flügel vor. Endlich passte er die zur Flucht vorbereiteten Flügel den Schultern seines Sohnes, der sich über dieses Geschenk freute, an. **3.** Während vom Vater die Flügel angepasst wurden, wurde Ikarus gemahnt: „Meide die Gefahren der Sonne, die / weil sie die Flügel zerstört, meide die Gefahren des Meeres, das / wenn es von Winden bewegt worden ist! So wirst du sicher vor Gefahren über/durch den weiten Himmel in die ersehnte Heimat fliegen können." **4.** Von Hoffnung auf Freiheit veranlasst begannen Dädalus und Ikarus dann die Flucht und flogen durch die Luft. **5.** Aber obwohl Ikarus vom Vater ermahnt worden war, strebte er dennoch mit höchster Kühnheit dem hohen Himmel zu. **6.** Deshalb geschah es, dass die vom Vater gemachten Flügel sofort vom Feuer der Sonne zerstört wurden. **7.** Dädalus wollte seinem geliebten Sohn zu Hilfe kommen, aber er konnte den vom Himmel fallenden Sohn nicht mehr retten. **8.** Nur der Körper/Leichnam des Sohnes wurde von Dädalus an der Küste einer Insel gefunden und in der Erde begraben (verborgen); später wurde diese Insel nach dem Namen des Toten „Ikaria" genannt.

a) 2. paratas 3. moti; desideratam 4. adducti 5. monitus 6. factae 7. amato **b)** 3. monitus est 8. inventum et conditum est; nominata est **c)** 2. gaudentis 3. delentis 7. cadentem **d)** Die Inseln liegen im Mittelmeer südlich von Griechenland und sind ungefähr 300 km voneinander entfernt.

LERNBLOCK 4 • LERNSTUFE 10 (Seite 24/25)

1. a) Burg **b)** je ein/jeder einzelne **c)** Greis/alter Mann **d)** zurückgeben/etw. zukommen lassen/*m. dopp. Akk.:* jdn. zu etw. machen **e)** der eine…der andere **f)** Priester(in) **g)** Bau/Befestigung **h)** nicht einmal **i)** schwer **j)** Verderben bringen **k)** Stille **l)** Hass **m)** (guter/schlechter) Ruf/Gerücht **n)** Richter **o)** Freundschaft **p)** in Fesseln legen/fesseln **q)** stoßen/schlagen/(ver)treiben **r)** ungern/gegen den Willen **s)** zurückgehen/zurückkehren **t)** Nachkommen **u)** Waffen/Gerät **v)** Silber **w)** Gesetz/Bedingung **x)** Kampf/Schlacht **y)** Beute **z)** Feind (Landesfeind)

2. a) cogere, cogo, coegi, coactum: (ver)sammeln/zwingen **b)** vincere, vinco, vici, victum: (be)siegen/übertreffen **c)** dare, do, dedi, datum: geben **d)** reddere, reddo, reddidi, redditum: zurückgeben/zukommen lassen/machen zu **e)** redire, redeo, redii, reditum: zurückgehen/zurückkehren **f)** cognoscere, cognosco, cognovi, cognitum: erkennen/kennenlernen/kennen/wissen **g)** corripere, corripio, corripui, correptum: ergreifen/gewaltsam an sich reißen

3. a) PPA: faciente/facientibus; PPP: facto/factis **b)** PPA: terrente/terrentibus; PPP: territo/territis **c)** PPA: pellente/pellentibus; PPP: pulso/pulsis **d)** PPA: accipiente/accipientibus; PPP: accepto/acceptis **e)** PPA: vocante/vocantibus; PPP: vocato/vocatis **f)** PPA: mittente/mittentibus; PPP: misso/missis

4. 1 Caesare consule: unter dem Konsulat Cäsars / 2 Romulo auctore: auf Veranlassung des Romulus / 3 Romulo rege: unter der Regierung des Romulus / 4 Augusto imperatore: unter der Herrschaft des Augustus / 5 Caesare invito: gegen den Willen Cäsars / 6 Augusto vivo: zu Lebzeiten des Augustus / 7 Caesare mortuo: nach Cäsars Tod / 8 Romulo praesente: in Anwesenheit des Romulus / 9 Augusto puero: in der Kindheit des Augustus

5. 1C Obwohl/Nachdem die Germanen im Krieg besiegt worden waren, wurde nur ein kleiner Teil Germaniens von den Römern besetzt. **2A** Obwohl/Während die Feinde ihre Heimat verteidigten, konnten die Römer nicht vertrieben werden. **3B** Nachdem/Weil Germanien besetzt worden war, führten die Römer einige Kriegsgefangene nach Rom weg. **4D** Weil die Germanischen Kriegsgefangenen gut auf den Äckern arbeiteten, kauften die römischen Herren gerne Germanische Sklaven.

LERNBLOCK 4 • LERNSTUFE 11 (Seite 26/27)

1. a) Friede **b)** (in Besitz) haben/(besetzt) halten **c)** verraten/überliefern **d)** meinen/einschätzen/seine Stimme abgeben (für) **e)** erblicken **f)** (ein)fordern/vollenden **g)** (ver)sammeln/zwingen **h)** Ansehen/Einfluss/Macht **i)** schließen/abschließen/einschließen **j)** schleudern/werfen/rühmen **k)** schlecht/unanständig **l)** stürzen/eilen/stürmen **m)** Geist/Sinn/Verstand/Meinung **n)** fordern/verlangen **o)** abnehmen/ermatten/abfallen (von) **p)** auslöschen/vernichten **q)** ausländisch/unzivilisiert/*Subst.* Barbar **r)** (be)merken/verstehen **s)** Handlung/Untat **t)** Gottheit/göttlicher Wille **u)** der größte/sehr groß **v)** sich ereignen **w)** beschließen/entscheiden **x)** erkennen/kennenlernen/*Perf.* kennen/*Perf.* wissen **y)** verzeihen **z)** aufschreiben/verfassen

2. a) decernere, decerno, decrevi, decretum **b)** exstinguere, exstinguo, exstinxi, exstinctum **c)** prodere, prodo, prodidi, proditum **d)** intellegere, intellego, intellexi, intellectum **e)** poscere, posco, poposci **f)** exigere, exigo, exegi, exactum **g)** claudere, claudo, clausi, clausum

3. Indikativ Präsens (rot): intellegit, respondent, existimatis, it, vult / **Konjunktiv Präsens** (grün): des, velim, cogamus, sim, fugiat / **Indikativ Perfekt** (blau): iit, voluimus, exstinxerunt, poposcit, decrevistis / **Konjunktiv Perfekt** (gelb): ierimus, potuerim, fuerint, intellexeris, clauserint

4. a) dat → det → dederit **b)** efficitur → efficiatur → effectus, a, um sit **c)** vult → velit → voluerit **d)** iacto → iactem → iactaverim **e)** mittimus → mittamus → miserimus **f)** possunt → possint → potuerint **g)** trador → tradar → traditus, a sim **h)** estis → sitis → fueritis **i)** rapiuntur → rapiantur → rapti, ae, a sint **j)** corriperis → corripiaris → correptus, a sis

5. In einer Ratsversammlung der Germanen: **a)** amemus: Weil wir die Freiheit lieben, können wir nicht Sklaven sein. **b)** relinquant: Deshalb fordere ich, dass die Römer unsere Heimat verlassen. **c)** maneat: Denn wir müssen verhindern, dass der Feind in Germanien bleibt. **d)** sustinuerimus: Es ist also notwendig, den Römern endlich Widerstand zu leisten, weil/nachdem wir so viele Ungerechtigkeiten ausgehalten haben. **e)** vetuerint: Sicher werden die Götter unserer Heimat helfen, weil die Römer ihre Religion verboten haben. **f)** sinatis: Ich bitte und flehe euch also an, Götter der Heimat, dass ihr nicht zulasst, dass die Römer uns zu Sklaven machen. **g)** capiamus; possint: Helft uns, dass/damit wir eine guten Beschluss fassen, wie diese Verbrecher vertrieben werden können.

LERNBLOCK 4 • LERNSTUFE 12 (Seite 28/29)

1. a) bringen/tragen/ertragen **b)** wachsen **c)** am wenigsten/überhaupt nicht **d)** aufschieben/sich unterscheiden (von) **e)** bringen/herbeibringen/mitbringen/melden **f)** ebenso/gleichfalls **g)** (zurück)bringen/berichten **h)** anbieten/entgegenbringen **i)** erkennen/kennenlernen **j)** bedecken/schützen/verbergen **k)** herausheben/hervorbringen **l)** ohne Unterbrechung **m)** ebenso/gleichzeitig **n)** neulich/vor kurzem **o)** von dort/darauf/deshalb **p)** vorziehen **q)** nahe/in der Nähe/beinahe **r)** anders/sonst **s)** vergleichen/zusammentragen **t)** also/daher **u)** von allen Seiten/von überallher **v)** zufällig **w)** auf dem Land **x)** hinbringen/melden/übertragen **y)** (zu) wenig **z)** insgesamt/überhaupt/völlig

2. a) ferre, fero, tuli, latum **b)** crescere, cresco, crevi **c)** tegere, tego, texi, tectum **d)** afferre, affero, attuli, allatum **e)** efferre, effero, extuli, elatum **f)** noscere, nosco, novi, notum **g)** offerre, offero, obtuli, oblatum

3. a) praeclare **b)** celeriter **c)** vehementer **d)** acriter **e)** infeliciter **f)** sapienter **g)** vere **h)** turpiter **i)** bene

4. a) a) fers: du bringst **b)** feret: er wird bringen **c)** tuleritis: ihr möget gebracht haben **d)** ferrer: ich würde gebracht werden **e)** tulerant: sie hatten gebracht **f)** lati, ae eramus: wir waren gebracht worden / **b) a)** 3180: er möge gebracht werden **b)** 4580: wir wären gebracht worden **c)** 5280: ihr würdet gebracht werden **d)** 1679: ich werde gebracht haben **e)** 1279: ich brachte **f)** 5479: ihr habt gebracht

5. A: Diese Römer da werden mir immer verhasst sein! Wir müssen die Feinde daran hindern, dass sie unsere Lebensweise völlig zerstören! **B:** Ich verstehe nicht, warum alle von Zorn bewegt die Römer heftig kritisieren. **A:** Aber es ist offenkundig, dass diese schlechte Herren sind. Nachdem unser Germanien besetzt worden ist, gehen die Römer grausam gegen uns vor. Nachdem unsere Freiheit geraubt worden ist, herrschen die Römer hochmütig über uns. Ja sie wollen sogar uns selbst zu Römern machen.

B: Ich fürchte, dass du irrst. Denn die Römer haben viel Gutes zu uns (herbei)gebracht. Nachdem/Seit ihre Lebensweise herbeigebracht worden ist, wächst unser gemeinsames Glück/Allgemeinwohl schnell. **A:** Du täuschst dich. Obwohl diese Römer schon die ganze Welt unterdrückt haben, hören sie dennoch nicht auf, mehr zu fordern. Sie sind so wild wie Wölfe. Siehst du nicht dieses gewaltige Monstrum, das von den Römern an die Mauern der Stadt herangeführt worden ist? Nachdem dieser Bau fertiggestellt worden ist, werden wir alle grausam getötet werden! Dieser Bau wird uns allen sehr großes Unglück bringen. **B:** Höre endlich auf, so dumm(es Zeug) zu sagen! Dieser Bau, den du Monstrum nennst, ist ein Aquädukt. Es wird frisches Wasser aus den Bergen in unsere Stadt hineintragen. Deshalb werden wir unter der Herrschaft der Römer / , weil die Römer herrschen, gutes Wasser haben. Warum verstehst du nicht, dass die Römer uns viele Vorteile bieten?

a) deleant, reprehendant, erres, oppresserint **b)** semper, omnino, vehementer, crudeliter, superbe, immo, celeriter, iam, crudeliter, stulte **c)** Germania nostra occupata / libertate nostra rapta / cultu eorum allato / ea munitione confecta / Romanis imperantibus

ABSCHLUSSTEST (Seite 30/31)

1. je ½ BE **a)** versprechen **b)** zurückblicken/berücksichtigen **c)** schwer **d)** jemals **e)** Los/Orakelspruch/Schicksal **f)** fragen **g)** ewig **h)** Richter **i)** fordern **j)** fast **k)** es gefällt jdm./jd. beschließt **l)** einschätzen/beurteilen/halten für (m. dopp. Akk.)

2. je ½ BE **a)** tollere, tollo, sustuli, sublatum: aufheben/in die Höhe heben/wegnehmen **b)** providere, provideo, providi, provisum: vorhersehen/sorgen für **c)** dare, do, dedi, datum: geben **d)** quaerere, quaero, quaesivi, quaesitum: suchen/fragen/erwerben wollen

3. je 1 BE **a)** fidei **b)** nomen **c)** irae **d)** gentibus **e)** crimina **f)** vultu

4. je ½ BE **a)** 3. Pers. Pl. Präs. Ind. Akt. **b)** 1. Pers. Pl. Präs. Konj. Pass. **c)** 3. Pers. Pl. m Perf. Ind. Pass. **d)** 2. Pers. Pl. Plusqpf. Konj. Akt. **e)** 1. Pers. Sg. Impf. Ind. Akt. **f)** 3. Pers. Sg. Perf. Ind. Akt. **g)** 3. Pers. Sg. Impf. Konj. Pass. **h)** 2. Pers. Pl. Fut. I Akt. von velle oder 2. Pers. Pl. Präs. Konj. Akt. von volare **i)** 2. Pers. Sg. Präs. Ind. Pass. **j)** 3. Pers. Sg. n Plusqpf. Konj. Pass.

5. je 2 BE **a)** desiderans **b)** captam

6. insgesamt max. 11 BE; 1 BE Abzug pro Fehler; für kleine Fehler, wie z.B. Numerus und Tempus, kann auch nur ½ BE abgezogen werden. **a)** Nachdem / Weil die Stadt durch Feuer zerstört worden war, wurde einigen / gewissen Christen zum Vorwurf gemacht, sie seien die Brandstrifter / Urheber des Brandes. **b)** Deshalb wurden diese ohne jeden Widerstand / ohne, dass sich jemand dagegen widersetzte, in der Arena getötet. **c)** Es war nämlich ein alter Brauch der Römer, gegen gottlose Verbrecher hart vorzugehen. **d)** Die einen von diesen wurden in Fesseln gelegt, die anderen aber wurden grausam bestraft, indem sie den wilden Tieren vorgeworfen wurden / worden waren. **e)** Durch diese Art von Strafe wurde bewirkt, dass das Volk, das / weil es / indem es jene Hinrichtung im Amphitheater ansah, aus Angst vor dem Tod von denselben Schandtaten abgehalten wurde.

7. je ½ BE **a)** zerbrechlich ← frangere **b)** ablegen ← deponere **c)** berühren ← tangere **d)** verringern ← reducere **e)** Ausführung (die vom ursprünglichen Zustand abweicht) ← vertere **f)** Gegenstand ← obicere **g)** herrschen ← regere **h)** zahlungsunfähig ← solvere